BEI GRIN MACHT SICH IHR WISSEN BEZAHLT

- Wir veröffentlichen Ihre Hausarbeit, Bachelor- und Masterarbeit

- Ihr eigenes eBook und Buch - weltweit in allen wichtigen Shops

- Verdienen Sie an jedem Verkauf

Jetzt bei www.GRIN.com hochladen
und kostenlos publizieren

Bibliografische Information der Deutschen Nationalbibliothek:

Die Deutsche Bibliothek verzeichnet diese Publikation in der Deutschen National-bibliografie; detaillierte bibliografische Daten sind im Internet über http://dnb.d-nb.de/ abrufbar.

Impressum:

Copyright © 2014 GRIN Verlag, Open Publishing GmbH
Druck und Bindung: Books on Demand GmbH, Norderstedt Germany
ISBN: 9783668385689

Dieses Buch bei GRIN:

http://www.grin.com/de/e-book/351610/die-wewelsbrug-als-beispiel-fuer-die-rolle-des-mittelalters-in-der-ss-ideologie

Felix Tiemann

Die Wewelsbrug als Beispiel für die Rolle des Mittelalters in der SS-Ideologie

GRIN Verlag

GRIN - Your knowledge has value

Der GRIN Verlag publiziert seit 1998 wissenschaftliche Arbeiten von Studenten, Hochschullehrern und anderen Akademikern als eBook und gedrucktes Buch. Die Verlagswebsite www.grin.com ist die ideale Plattform zur Veröffentlichung von Hausarbeiten, Abschlussarbeiten, wissenschaftlichen Aufsätzen, Dissertationen und Fachbüchern.

Besuchen Sie uns im Internet:

http://www.grin.com/

http://www.facebook.com/grincom

http://www.twitter.com/grin_com

Facharbeit

im Leistungskurs Geschichte

Die Wewelsburg – ein Beispiel für die Rolle des Mittelalters in der SS-Ideologie

Verfasser:

Felix Tiemann

Bearbeitungszeitraum:

14. Februar 2014 - 28. März 2014

Abgabetermin:

28. März 2014

Inhaltsverzeichnis

1. Einleitung

Der vorliegenden Facharbeit liegt das persönliche Interesse zugrunde, ein lokalhistorisches Thema zu untersuchen. Als mögliche Ideen boten sich zum einen das Luftwaffenbekleidungsamt und zum anderen die Wewelsburg. Nach ausführlichen Recherchen zu beiden Themen bin ich zu dem Schluss gelangt, dass ich mich mit der Wewelsburg beschäftigen werde, da die vorliegende Literatur und Quellen mehr Möglichkeiten zur Auswertung und Analyse bietet
In der folgenden Facharbeit werde ich unter folgendem Schwerpunkt arbeiten: „Die Wewelsburg – als Beispiel für die Rolle des Mittelalters in der SS – Ideologie".

Zu dieser Thematik habe ich drei große Themenbereiche erstellt: Zuerst werde ich kurz das Dritte Reich und die SS – Ideologie betrachten, dabei wird mein Augenmerk auf Heinrich Himmler, dem Reichsführer SS, als „Architekt und Bauherr" liegen. Des Weiteren werde ich die SS als zukünftige Elite des Deutschen Reiches betrachten sowie zum Abschluss die Bedeutung der germanischen Mythologie und die Lehre vom heiligen Gral für die SS untersuchen.
Im zweiten Teil der Arbeit wird das Augenmerk auf die Wewelsburg selbst gerichtet: Hierfür werde ich eine kurze Zeitleiste unter dem Titel „Die Wewelsburg im historischen Wandel" erstellen, die wichtige Eckdaten der Wewelsburg enthält. Danach wird die Wewelsburg speziell in der NS - Diktatur betrachtet, hierfür habe ich zwei Unterthemen erstellt, zum einen wird der Nordturm mit dem Obergruppenführersaal und der Gruft untersucht und zum anderen wird sich mit der gigantischen Übersteigerung des Bauprojektes und der Heiligen Lanze auseinander gesetzt.
Im dritten Teil der Facharbeit werden beide zuvor einzeln geführten Stränge zusammengeführt, um zwei mögliche Deutungen vorzunehmen. Ein Thema wird: Der Nordturm als „Tafelrunde" der SS sein und die andere Deutung wird sich mit Oswald Pohl in Ritterrüstung, ein Gemälde, welches um 1940 entstand, beschäftigen

2. Die NS - Diktatur und die SS – Ideologie

Der erste Teil meiner dreiteiligen Facharbeit wird sich mit der NS - Diktatur und der SS – Ideologie auseinandersetzen.

Der erste Abschnitt wird sich mit der Person Heinrich Himmler beschäftigen, dabei wird ein kurzer Lebenslauf zur Person erstellt werden.

Im zweiten Teil dieses Abschnittes wird die SS als zukünftige Elite des Deutschen Reiches behandelt, auch hier wird ein kurzer „Lebenslauf" erstellt, welcher die Eckdaten der SS umreißen soll.

Der dritte Abschnitt des ersten Teils befasst sich mit der germanischen Mythologie, welche für Himmler als geistiger Vorläufer galt und in das „neue Reich" mit einfließen sollte, hierzu werden wichtige Runen betrachtet, das Julfest erläutert und kurz auf den heiligen Gral eingegangen.

2.1 Heinrich Himmler, Reichsführer SS – „Architekt und Bauherr" in der NS – Zeit

Heinrich Himmler wurde am 7. Oktober 1900 in München geboren, er wuchs in einem streng katholischen Elternhaus auf.

Von 1919-1922 studierte er an der TU[1] München Landwirtschaft, das Studium schloss er 1922 als Diplomlandwirt ab. 1923 trat er der NSDAP bei und beteiligte sich 1923 als Fahnenträger des „Röhmschen Freikorps: Reichskriegsflagge" am gescheiterten „Hitler-Ludendorff-Putsch". 1925 trat er in die SA ein und wurde zum Sekretär des SA – Führers Gregor Strasser, am 8. August des selben Jahres wechselte er schon zur SS.

Am 6. Januar 1929 wurde Himmler durch Adolf Hitler zum Reichsführer – SS ernannt, zuvor hatte er bereits diverse Hauptämter in der NSDAP und der SS bekleidet.

Nach der Machtergreifung 1933 wurde er zum Polizeichef von München und errichtete das erste KZ in Dachau.

1934 wurde „seine" SS zu einer eigenständigen Parteigliederung – neben der SA – der NSDAP berufen. Auf der Wewelsburg, welche er über die NSDAP 1933 anmietete, wollte Himmler ein ideologisches Zentrum der SS – Gruppenführer entstehen lassen. Dazu entwickelte er mit seinem Architekten Hermann Bartels diverse Umbaupläne. Der letzte Plan von 1944 sah eine komplette Veränderung des Dorfes vor. Insgesamt wollte Himmler an der Wewelsburg eine riesige Anlage bauen lassen.

Ab 1934 begann der Aufstieg der SS, Himmler bildete die SS zur mächtigsten Organisation im dritten Reich heraus.

Ein Höhepunkt seiner Karriere war die Ernennung zum Reichsinnenminister 1943. Wegen seiner Waffenstillstandsverhandlungen mit den Alliierten wurde Himmler von Hitler in seinem politischen

---

1   TU München: Technische Universität München

Testament vom 30. April 1945 „enterbt".

Nach seiner Verhaftung durch britische Soldaten beging er am 23. Mai 1946 in Lüneburg Selbstmord.[2]

2.2 Die SS als zukünftige Elite des Deutschen Reiches

Adolf Hitler befahl 1923 die Aufstellung einer „Stabswache", die seinen Schutz gewährleisten sollte. Nach dem misslungenen „Hitler-Ludendorff-Putsch" 1923 wurde die SS verboten und 1925 durch Hitler neu gegründet.

Am 6. Januar 1929 wurde Heinrich Himmler zum Reichsführer – SS ernannt und begann die SS zur mächtigsten Organisation während der NS – Diktatur herauszubilden.

Die SS stellte ab 1933 die „LSSAH"[3] und beteiligte sich maßgeblich am „Röhm – Putsch" von 1934.

Auf der Wewelsburg wollten Himmler und die SS eine der größten SS – Schulen im Dritten Reich errichten, dies gelang aber aufgrund des Krieges nicht.

Während des Krieges war die SS als leitende Behörde in den KZs an der Ermordung von 7 Millionen Menschen verantwortlich.

Zur Uniform eines SS – Mannes gehörte die Schwarze Uniform und das Braunhemd, des Weiteren waren die schwarze Totenkopfmütze und der Totenkopfring wichtige Charakteristika für den SS – Mann. Ebenfalls zur Uniform gehörte der schwarz umrandete Armbinder mit Hakenkreuz.Durch besondere Verdienste konnte man den Ehrendegen oder den Ehrendolch erlangen, der ab dann mit zur Uniform gehörte.

Weitere Merkmale waren z.B. die Blutgruppentätowierung an der Unterseite des Oberarms und der Treue Spruch: *„Deine Ehre heißt Treue".*

Der Ordensspruch und die Blutgruppentätowierung lassen auf das Selbstverständnis als Rassenelite im Deutschen Reich schließen, da hier nur *„die reinsten, besten und mutigsten Männer aufgenommen wurden".*[4]

2.3 Die Bedeutung der germanische Mythologie für den Nationalsozialismus sowie die Lehre vom heiligen Gral

Um 1933 begannen Heinrich Himmler und Richard Walter Darré die SS in Westfalen zu etablieren, da sie hier mögliche Wurzeln der alten Germanen vermuteten.

Als 1934 die Wewelsburg angemietet wurde, bestand bei Himmler kein Zweifel mehr daran, dass

---

2 Vgl. http://de.wikipedia.org/wiki/Heinrich_Himmler Stand 11.03.2014 16.24 Uhr **und** Prof. Dr. Karl Hüser (1982), Wewelsburg 1933-1945 Kult und Terrorstätte, Verlag Bonifatius Druckerei, Paderborn – S. 147
3 LSSAH: Leibstandarte Adolf Hitler
4 http://de.wikipedia.org/wiki/SS Stand 12. März 2014 – 17.00 Uhr und Prof. Dr. Karl Hüser (1982), Wewelsburg 1933-1945 Kult und Terrorstätte, Verlag Bonifatius Druckerei, Paderborn – S. 421

diese König Heinrich I.[5] im Kampf gegen die Hunnen gedient hatte bzw. er sie errichtet hatte. Um die genauen Vorgeschichte der Germanen zu erforschen, gründete Himmler 1935 die Stiftung „Ahnenerbe".

Mit der Todesfeier Heinrichs I. 1936 in Quedlinburg kam ein neuer Teil deutscher Geschichte mit hinzu. Nach der Todesfeier wurde der Quedlinburger Dom komplett entkernt, um die Gebeine des Königs zu suchen. 1937 wurden die vermeintlichen sterblichen Überreste des Königs gefunden und in einer feierlichen Zeremonie in einem neu errichteten heiligen Raum in einem Sarkophag aufgebahrt.

Mit seiner neuen Ostbesiedlungspolitik in Form des „Lehnswesens" wollte Himmler weitere Elemente des Mittelalters in den deutschen Staat einbinden. Hierzu diente der neue Landbesitzer als „Lehnsnehmer" und die Regierung als „Lehnsbesitzer".

Um die Germanischen Rituale wieder zu beleben, war es Himmlers besonderes Anliegen eine Ersatzreligion zu schaffen. Das am besten erhaltene Stück dieser neuen Religion ist der Julleuchter[6]. Dieser sollte vor allem beim sogenannten Julfest , welches das Weihnachtsfest ersetzen sollte, und bei Familienfesten Einsatz finden.

Der Leuchter wurde zuerst in der SS – eigenen Manufaktur in Allach hergestellt und später in Klinkerwerk des Kzs Neuengamme. Es sollte ein Schrein errichtet werden, auf dem der Leuchter bei Festen stehen sollte. Dem Leuchter lag ein Schreiben bei, aus dem man entnehmen konnte, dass es sich um die Nachbildung eines „alten aus früherer Vergangenheit unseres Volkes überkommendes Stück[es]" [7] handele.

Eine interessante Begebenheit ist, dass der Leuchter die Nachahmung eines Leuchters ist, der um 1800 in Schweden entstand und somit keine germanische Traditionslinie besitzt.

Ein weiterer Verweis auf die Einbindung der Germanen ist die Nutzung ihrer Runen, zum Beispiel benutzte die SS die sogenannte „Si[e]g – Rune" als Zeichen von Stärke, Dynamik und Bedrohlichkeit. Eine weitere Rune ist das Mäander Hakenkreuz, welches als Abschluss der Kuppel in der Gruft dient. Diese Rune symbolisiert das Erreichen der Ewigkeit in der Zeit durch Reproduktion, was für das auffahren in die Walhalla (germanischer Himmel) stehen könnte[8].

Auch die Schwarze Sonne im Obergruppenführersaal ist das Abbild einer alamannischen Fibel. Es wird angenommen, dass dieses als religiöses Zeichen in den östlichen Licht- und Sonnenkulturen verwendet wurde. Die zwölf Ausläufer zeigen jeweils auf eine der zwölf Nischen im Obergruppenführersaal.[9]

Ein weiterer zentraler Aspekt in Himmlers Vorstellungen über die Vergangenheit der „arischen Rasse" war der Heilige Gral. Laut Himmler musste dieser sich in Spanien befinden, da er hier die

5 König Heinrich I.: Geboren um 876, gestorben am 2. Juli 936 war der erste König des Ostfrankenreichs
6 Bild unter https://www.the-saleroom.com/en-gb/auction-catalogues/hermann-historica-ohg/catalogue-id-srher10000/lot-f84ac9fd-b520-42b0-8ebd-a40100dfdc72
7 Brebeck, Wulff E. und weitere (2011): Endzeitkämpfer Ideologie und Terror der SS, Deutscher Kunstverlag GmbH Berlin und München – S. 147
8 Vgl. http://de.wikipedia.org/wiki/M%C3%A4ander_%28Ornamentik%29 Stand 14.03.2014 - 18.29 Uhr / nähere Erläuterung im dritten Teil
9 Vgl. Brebeck, Wulff E. und weitere (2011): Endzeitkämpfer Ideologie und Terror der SS, Deutscher Kunstverlag GmbH Berlin und München – S. 289 / nähere Erläuterungen im zweiten und dritten Teil

Wurzeln der rassischen Überlegenheit des „Ur–Ariers" vermutete. Himmler war fest von der – wie in *„Indiana Jones und der letzte Kreuzzug"* passend beschrieben[10] – magischen Wirkung des Grals überzeugt und glaubte an eine Unbesiegbarkeit der Truppen, die den Gral in Besitz hatten (ähnlich wie bei der Heiligen Lanze).

Dies war auch einer der Gründe, warum Himmler mit seiner Stiftung *„Ahnenerbe"* mehrere Ausgrabungen an verschiedenen Orten in Spanien durchführte.[11]

Abschließend ist zu bemerken, dass Adolf Hitler vieles, was Himmler tat, befürwortete, aber seine Vorstellungen nur in einem geringen Ausmaß teilte und ihm deshalb auch etwas misstrauisch gegenüber stand.

---

10 http://www.welt.de/kultur/article1881680/Hitlers-Forscher-und-die-Jagd-nach-dem-Ur-Arier.html Stand 15.03.2014
   – 14.50 Uhr
11 Ebenda Stand 15.03.2014 – 14.50 Uhr

3. Die Wewelsburg:

Der zweite Teil der vorliegenden Arbeit wird sich mit der Wewelsburg auseinander- setzen. Im ersten Unterpunkt wird eine Zeitleiste unter dem Titel: „Die Wewelsburg im historischen Wandel" entstehen.

Der zweite Unterpunkt „Die Wewelsburg in der NS - Diktatur" wird sich mit den Umbauarbeiten an der Burg selbst beschäftigen, dazu wird zum einen der Nordturm der Burg genauer beleuchtet und zum anderen auf die gesamten Umbaupläne (im speziellen den letzten von 1944) eingegangen.

Eine Anmerkung zur Wewelsburg: Obwohl der Name Wewelsburg eher auf eine Burg schließen lässt, wird die Anlage als Schloss bezeichnet. Der Name leitet sich vom Namen des Dorfes unterhalb der Burg ab.

Ursprünglich war die Wewelsburg weiß verputzt, Himmler ließ den Putz als eine der ersten Maßnahmen abschlagen, um den gelben Sandstein frei zu legen um so den Charakter einer Burg deutlicher hervorzuheben.

3.1 Die Wewelsburg im historischen Wandel

„Er starb in diesem Jahr (1124) Graf Friedrich von Arnsberg.
(...) Dieser , ein zweiter Cedar (biblische Gestalt) – erhob er doch seine Hand gegen jeden, so dass sich jeder ihn erhob – ließ die Burg Wewelsburg, die zur Zeit der Hunnen erbaut, aber lange Zeit danach vernachlässigt worden war, nicht ganz ein Jahr vor seinem Tode wieder aufbauen.(...) Kaum war er tot, rissen die Bauern, die er zu den Bauarbeiten gezwungen hatte, das Bauwerk wieder ein."[12]

Wie Abt Arnold[13] aussagt, errichtete Graf Friedrich von Arnsberg 1123 eine Burg auf den Mauern alter Wallanlagen, diese stammten zum Teil noch aus der vorrömischen Eisenzeit (bis 200 v. Chr.)[14]. In der Folgezeit wurden diese zum Schutz vor den „Hunnen" - aber eher vor den Ungarn, die dort zwischen 906 und 926 Überfälle durchführten, genutzt. Heute findet man noch zwei Wallanlagen aus dieser Zeit im Dorf Wewelsburg.[15] Nach dem Tod des Grafen im Jahre 1124 brannten die Bauern des Dorfes die errichtete Anlage nieder. In der Folgezeit wurden an der selben Stelle zwei festungsähnliche Gebäude errichtet, welche 1301 durch Graf Otto I. von Waldeck an den Paderborner Fürstbischof verkauft wurden. Der Verkauf ist durch zwei Dokumente

---

12 Brebeck, Wulff E. (²2009): Die Wewelsburg. Geschichte und Bauwerk im Überblick, DKV – Edition, Berlin/München – S.8
13 Abt Arnold des Klosters Berg bei Magdeburg, genannt „Sächsischer Annalist", in seinen Annalen zum Jahr 1123/1124
14 Vgl. Brebeck, Wulff E. (²2009): Die Wewelsburg. Geschichte und Bauwerk im Überblick, DKV – Edition, Berlin/München, S.8
15 Vgl. Ebenda S.8

belegt.[16]

Das heutige Schloss wurde zwischen 1603 und 1609 durch den Paderborner Fürstbischof Dietrich von Fürstenberg im Stil der Weserrenaissance in Form eines Dreiecks errichtet und diente als Sommerresidenz der Fürstbischöfe. 1631 fanden auf dem Schloss zwei Hexenprozesse im Verlies (vom Volk auch Hexenkeller genannt) statt. Diese Prozesse sind zwar geschichtlich belegt, jedoch gibt es leider heute keine Aktenunterlagen mehr dazu. Ein weiterer Beleg für die Nutzung des „Hexenkellers" ist der Bericht des Inquisitors Bernhard Löper:„... *nach einer gerichtlichen Untersuchung [Folter], starb durch plötzliche und geheimnisvolle Erstickung durch den ruchlosen Dämon [Teufel] ... ein gewisser Werwolf, der aus dem benachbarten Dorf in den Kerker gebracht worden war."*[17]

Im Jahre 1646 wurde das Schloss während des Dreißigjährigen Krieges durch Carl Gustav Wrangel zerstört. Der Wiederaufbau des Schlosses wurde von Dietrich Adolf von der Recke im Jahre 1660 abgeschlossen.

Im 18./19. Jahrhundert wurde das Gebäude aufgrund von finanziellen Engpässen nur noch notdürftig erhalten. Die Kerker dienten als Dorfgefängnis, in dem auch Deserteure inhaftiert wurden.[18]

Aufgrund von territorialen Veränderungen fiel die Wewelsburg 1802 an Preußen. Am 11. Januar 1815 brannte der Nordturm durch einen Blitzschlag bis auf die Grundmauern aus.

Im Jahr 1924 wechselte die Wewelsburg erneut ihren Eigentümer. Der neue Eigentümer war der Landkreis Büren. Der Landkreis wandelte die Burg in ein Kulturzentrum um. Ein Museum, eine Jugendherberge und ein Restaurant entstanden. Die Umbauarbeiten wurden durch den *„Verein zur Erhaltung der Wewelsburg"* unterstützt. Nach 1925 verlangsamten sich die Bauarbeiten. Als eine große Schwachstelle wurde der zerstörte Nordturm angesehen. Er wurde durch schwere Eisenringe verstärkt.

Ab 1933 war die SS als neuer Mieter für die Burg im Gespräch. Eigentlich wollte die SS das Gebäude kaufen, dieses wurde aber durch den Landrat Solemacher, der die Burg nicht *„ganz aus der Hand geben wollte, insbesondere wegen des Museums und weil die Bevölkerung sich doch inzwischen daran gewöhnt hat, in der Wewelsburg ein ihr liebgewordenes Symbol des Kreises Büren zu erblicken."*[19] Drei verschiedene Mietverträge wurden ausgehandelt, aber immer wieder verändert, da eine der Seiten nicht einverstanden war. Der endgültige, 1934 abgeschlossene, Vertrag umfasste acht Artikel und sah eine Mietdauer von 100 Jahren, zu einem monatlichen Mietpreis von *„einer Reichsmark"* vor.[20] Von nun an wurde die Burg, unter Leitung von Architekt H. Bartels, nach Plänen von Himmler umgebaut. Es sollte ein ideologisches Zentrum der SS – Gruppenführer für die Führungselite entstehen. 1945 befahl Himmler die Sprengung der

---

16 Vgl. http://de.wikipedia.org/wiki/Wewelsburg, Stand 06.03.2014 – 17.39 Uhr
17 Brebeck, Wulff E. (²2009): Die Wewelsburg Geschichte und Bauwerk im Überblick, DKV – Edition, Berlin/München, S.41
18 Vgl. http://de.wikipedia.org/wiki/Wewelsburg, Stand 06.03.2014 – 17.44 Uhr
19 Prof. Dr. Karl Hüser (1982), Wewelsburg 1933-1945 Kult und Terrorstätte, Verlag Bonifatius Druckerei, Paderborn, S.13
20 Vgl. Ebenda S. 184-189

Burganlage, allerdings nur mit mäßigem Erfolg, so dass die Burg nach 1945 wieder aufgebaut werden konnte. Heute beherbergen die bestehenden Gebäude eine Jugendherberge, ein Museum und eine Dauerausstellung über die SS.

3.2 Die Wewelsburg in der NS - Diktatur

3.2.1 Der Nordturm – Obergruppenführersaal und „Gruft"

Die von Himmler geplanten Umbauten betrafen vor allem das Dorf selbst. Die letzten Umbaupläne von 1944 sahen vor, das Dorf umzusiedeln und eine riesige Burganlage zu errichten[21]. Die Wewelsburg selbst sollte in ihrer Form nicht verändert werden, Himmler sah hier nur die Veränderung des Nordturms vor.

Durch den Brand von 1815 war der Nordturm bis auf die Grundmauern ausgebrannt und bis 1932 nicht wieder aufgebaut und restauriert worden. Erst 1932 wurden auf Befehl des Mindener Regierungspräsidenten Sicherungsarbeiten durchgeführt. Der Turm wurde aber nur verstärkt und nicht komplett restauriert, sodass er nur in Form von Grundmauern stand. Nach der Übernahme der SS begann man 1939 mit dem Neuaufbau des Turms, dazu mussten die Häftlinge des KZs Niederhagen[22] den Felsboden im Turm um ca. fünf Meter abtragen, um danach eine Verschalung für einen Betonguss zu errichten. Dieser Guss hatte die Form einer Kuppelhalle, welche circa neun Meter hoch ist, die Betonwände wurden mit Sandsteinen verkleidet.

In der Mitte des Bodens ist eine Wanne eingelassen, in deren Mitte eine minimale Vertiefung zu finden ist. Metallrohre im Boden weisen auf eine Art von „ewiger Flamme" hin, die möglicherweise in der Vertiefung brennen sollte.

An den Wänden befinden sich zwölf Rundsockel, über denen heute der sogenannte „Glahé– Zyklus"[23] hängt. Den oberen Abschluss der Kuppel bildet ein Hakenkreuz in „Mäander Form"[24], in deren Mitte vier Löcher eingelassen sind.

Die Nutzung dieses Raumes eröffnet viele Fragen, da es keinerlei Aufzeichnungen über eine konkrete Nutzung gibt. Historiker vermuten, dass die SS hier in feierlichen Zeremonien die verstorbenen SS – Obergruppenführer in ihren Urnen auf den Podesten aufbahren wollte und ihre Wappen in der ewigen Flamme verbrannt werden sollten, damit die Seelen in die Walhalla auffahren konnten und somit die Ewigkeit erlangten. Die vier Löcher könnten also eine Art von „Abzug" sein, damit die Seelen entweichen konnten.

Nach Aussagen von Burgwart Wilhelm Kemper wollte Himmler in der Gruft „germanisch-heidnische" Rituale vollziehen, die der als „antichristlich" eingestellten SS entsprachen.[25]

---

21 Genauere Erläuterungen in: Die Heilige Lanze – das Symbol des Umbaus
22 KZ Niederhagen: Von 1941-1943 selbständig (kleinstes KZ im deutschen Reich) davor Nebenlager des KZs Sachsenhausen, Häftlinge waren für den Umbau der Burg zuständig
23 Glahé – Zyklus: Der Zyklus besteht aus zwölf Bildern, die das Leiden der Opfer des Nationalsozialismus darstellen sollen
24 Mäander Form: Stammt aus der griechischen Antike und steht für die Erlangung der Ewigkeit durch Reproduktion
   → etwas altes wird durch etwas neues ersetzt und das alte erlangt Unsterblichkeit
25 Vgl. Brebeck, Wulff E. und weitere (2011): Endzeitkämpfer Ideologie und Terror der SS, Deutscher Kunstverlag

Im Erdgeschoss des Nordturms (ehemalige Kapelle der Fürstbischöfe) plante Hermann Bartels den so genannten *„Obergruppenführersaal"*, für diesen Raum sah man eine mittelalterliche, romanische Architektur vor. Die im Turm befindlichen Fenster wurden um die Nischen ergänzt, zusätzlich wurden acht neue Fenster und Nischen geschaffen. Im Inneren des Raumes wurden passend zu den Nischen zwölf Säulen aus *„Anröchter Grünsandstein"* errichtet. Die Decke des Umgangs hinter den Säulen wurde mit einem „Kreuzgratgewölbe" ausgestattet, dieses Gewölbe kann auf eine Demonstration von Macht und Stärke hin gedeutet werden.

Der Boden des Raumes wurde mit Marmor ausgelegt, in der Mitte findet man das *„Sonnenrad"* oder die *„schwarze Sonne"*, es wird auch als das zentrale Element des Raumes angesehen.

Auch über die Nutzung dieses Raumes lassen sich nur Vermutungen anstellen, da es keine erhaltenen Nutzungspläne gibt.

Im ersten Geschoss des neuen Nordturms sah Architekt Bartels die Errichtung des sogenannten Gruppenführersaals vor, hierzu sollte eine weitere riesige Kuppelhalle entstehen. Aufgrund des fortgeschrittenen Krieges konnte aber nicht mehr mit dem Bau begonnen werden. Der Plan des Baus ist heute auch nur durch ein Modellfoto belegt[26], weitere Aufzeichnungen fehlen.

3.2.2 Die gigantische Übersteigerung des Bauprojektes

Mit dem Beginn des Umbaus an der Wewelsburg, begann auch Hermann Bartels als leitender Architekt diverse Pläne vorzulegen, die den Umbau des gesamten Dorfes zu einer riesigen Burganlage vorsahen. Der erste 1939 vorgelegte Plan sah vor, die Wewelsburg *„unter Einbeziehung der sogenannten Vorburg samt Pfarrkirche, Pastorat und Schwesternhaus"*[27] zu einer Art von mittelalterlicher Kaiserpfalz umzubauen.

Mit Beginn der 40er Jahre sah Himmler eine Ausweitung der neuen Burganlage auf das gesamte Dorf vor, die Einwohner sollten nach Osten (Schlesien etc.) umgesiedelt werden (Himmlers Ostbesiedlungspolitik).[28]

Der letzte Bauplan von 1944, der laut Bartels von Himmler genehmigt worden sein soll, sah vor, dass rund um die Burg ein riesiger halbkreisförmiger Gebäudekomplex entstehen sollte, welcher eine Öffnung zum Almetal hin hatte.[29]

Die Mauern des Komplexes sollten eine Höhe von 15-18 Metern erreichen und mit dem Nordturm als Zentrum einen Radius von ca. 450 Metern bilden.

Der Komplex auf der Nord – Süd Achse bildet aus der Vogelperspektive mit der Burg zusammen eine „speerspitzenförmige"[30] Gestalt. Eine Straße im Abstand von 230 Metern um die Burg (Radius

---

GmbH Berlin und München – S. 284

26 Bild unter http://www.causa-nostra.com/vril/cn907/ex/Die-Heilige-Lanze--Wewelsburg-Plan--e0907a01--q5.jpg
27 Prof. Dr. Karl Hüser (1982), Wewelsburg. 1933-1945 Kult und Terrorstätte, Verlag Bonifatius Druckerei, Paderborn – S. 245
28 Siehe Kapitel 2.3
29 Bilder wie Anm. 26
30 Vgl. Prof. Dr. Karl Hüser (1982), Wewelsburg. 1933-1945 Kult und Terrorstätte, Verlag Bonifatius Druckerei, Paderborn – S. 298

630 Meter) sollte den Abschluss der Anlage bilden.

Bartels veranschlagte für das Projekt Kosten von ca. 250 Millionen Reichsmark bei einer Bauzeit von 20 Jahren, mit dem massiven Einsatz von KZ – Häftlingen.

Über eine konkrete Nutzung des Gebäudekomplexes ist nichts bekannt.

Die „speerspitzenförmige" Gestalt der Gebäude und die Straße, die zur Wewelsburg führen sollte, erinnern stark an eine Lanze, dabei könnte man eine bestimmte Lanze in Betracht ziehen und zwar die Heilige Lanze.

Diese Lanze gehörte einem römischen Soldaten, der damit den Tod Jesu am Kreuz überprüft haben soll.

Zur Zeit des Heiligen Römischen Reiches Deutscher Nation, gehörte die Spitze der Lanze mit der Reichskrone und dem Reichsschwert zu den *„Reichskleinodien"*[31].

Mit dem Ende des Heiligen Römischen Reiches Deutscher Nation 1806, wurde die Lanze von Nürnberg nach Wien gebracht, um diese vor Napoleon zu schützen.

Nach dem Ende des Deutschen Bundes 1866 ging die Lanze in den Besitz der (ab 1867) K.u.K. Monarchie Österreich – Ungarn über.

Als Deutschland Österreich 1938 annektierte, ließ Hitler die Lanze zurück nach Nürnberg bringen, denn der Legende nach wurden die Truppen, die die Lanze bei sich führten, unbesiegbar. Diese Legende bestätigte sich in den Augen der Nationalsozialisten mit dem schnellen Sieg über Polen 1939.

Es ist möglich, das Bartels diese Form unabsichtlich geplant hatte oder dass er hiermit zeigen wollte, dass sich die Lanze und der Gral (wenn er gefunden worden wäre) in der Mitte des „Zentrums der Welt" befinden.

---

31 Reichskleinodien: Mit diesen Elementen wurde der König/Kaiser gekrönt

4. Die Rolle der Germanen in der SS – Ideologie

Im dritten Teil der Facharbeit werden die beiden zuvor getrennt betrachteten Stränge „Die NS – Diktatur und die SS – Ideologie" sowie „Die Wewelsburg" zusammengeführt um zwei mögliche Deutungen vorzunehmen.

Zum einen wird eine Bildanalyse zur Deutung der Rolle eines Ritters oder der Ritterschaft gemacht und zum anderen wird der Obergruppenführersaal mit den Rittern der Tafelrunde in Verbindung gesetzt um eine mögliche Deutung zu schaffen.

Beide Deutungen können Teile enthalten, die nicht 100 prozentig belegbar sind, da man nicht genau sagen kann, was das Gemälde, auf dem Oswald Pohl dargestellt wird, aussagen soll und was Himmler genau mit dem Obergruppenführersaal vorhatte.

4.1 Die SS als Ritterschaft – das Beispiel Oswald Pohl

Die Mitglieder der SS sahen sich als Elite des deutschen Volkes an und sahen sich somit in einer besonderen Stellung in der Gesellschaft.

Ein geringer Teil der hohen SS – Funktionäre sah die SS-Mitgliedschaft eher als eine Art von Ritterschaft an. Ein Beispiel dafür, wenn nicht sogar das beste Beispiel, ist das Gemälde „SS – Obergruppenführer Oswald Pohl in Ritterrüstung"[32], welches als Leihgabe des Deutschen Historischen Museums in der Dauerausstellung Wewelsburg hängt.[33]

Das Gemälde zeigt den SS–Obergruppenführer Oswald Pohl in einer blauen Ritterrüstung mit goldenen Beschlägen auf einem in Blau gehaltenen Hintergrund.

In seinen Händen hält er ein Schwert, auf dem ein Hakenkreuz eingraviert ist.

Sein Gesichtsausdruck wirkt ernst und zielgerichtet.

Kurz zur Person: Oswald Pohl wurde am 30. Juni 1892 in Duisburg geboren und starb am 7. Juni 1951 in Landsberg. Während der NS – Zeit erreichte er den Rang eines SS – Obergruppenführers und den Rang des Generals der Waffen – SS.   Als Leiter des „SS – Wirtschafts- und Verwaltungshauptamtes" (WHVA) war er maßgeblich an der Durchführung des Holocausts beteiligt. Des Weiteren war er der Leiter der Behörde „Haushalten und Bauten". Aufgrund dieses Amtes war er für den Umbau des Renaissanceschlosses zu einem SS–Zentrum mit der Anmutung einer mittelalterlichen Burg[34] zuständig.

Um mögliche Rückschlüsse auf die Bedeutung des Gemäldes zu ziehen, sollte man sich mit Pohls Vergangenheit auseinandersetzen: Pohl stammte aus einfachen Verhältnissen, sein Vater war ein Werkzeugmeister und hatte deshalb einen nicht sehr hohen Rang in der Gesellschaft inne. 1912

---

32 Bild aus: Brebeck, Wulff E. und weitere (2011): Endzeitkämpfer Ideologie und Terror der SS, Deutscher Kunstverlag GmbH Berlin und München.
33 Vgl. Brebeck, Wulff E. und weitere (2011): Endzeitkämpfer Ideologie und Terror der SS, Deutscher Kunstverlag GmbH Berlin und München – S. 155
34 Vgl. http://de.wikipedia.org/wiki/Oswald_Pohl - Stand 15.03.2014 – 19.48 Uhr und Endzeitkämpfer (Ideologie und Terror der SS), Band 8, Wulff E. Brebeck und weitere, Deutscher Kunstverlag GMBH Berlin und München (Kreismuseum Wewelsburg) – S.155

schloss sich Pohl der kaiserlichen Marine an und blieb ihr bis 1934 treu. In den 22 Jahren stieg er immer weiter auf und bekleidete am Ende den Rang eines Marine – Stabszahlmeisters. 1934 trat er in die SA ein und beendete somit seine Karriere bei der Marine. Er blieb aber nicht lange in der SA, da Himmler ihn für einen fähigen SS – Mann hielt und ihn deshalb von der SA abwarb und ihn in seinen persönlichen SS – Stab holte.

Das Gemälde vereinigt mehrere Deutungsansätze in sich: Zum einen könnte man sich die Handhaltung Pohls am Schwert anschauen. Die eine Hand bildet eine geschlossene Faust um den Griff des Schwertes, was auf die Macht, welche die SS bis Kriegsende erlangt hatte, schließen lässt, weiter könnte dies für die Durchsetzungskraft stehen.

Die andere Hand liegt schützend oder leicht patriarchalisch auf der anderen, dies lässt sich mit der eigentlichen Funktion der SS als Schutzstaffel einer Person oder einer Gruppe, wofür die SS auch eigentlich gedacht war, erklären. Die patriarchalische Handhaltung könnte ein Zeichen für die vielen Stiftungen und Organisationen sein, die von der SS geleitet wurden.

Eine andere Möglichkeit ist, dass Pohl mit diesem Gemälde seine politische und ideologisch wichtige Bedeutung im System der SS unterstreichen wollte. Denn als General der Waffen – SS und als Chef des WHVA hatte Pohl zwei der wichtigsten Positionen innerhalb der SS inne.

Eine weitere Möglichkeit ist, dass Pohl sich mit diesem Gemälde eine eigene heroische Vergangenheit schaffen wollte.

Weiter könnte man noch anführen, dass die Ritter ausführende Gewalten eines Fürsten (hier der RFSS[35] Heinrich Himmler als Chef der SS) waren.

4.2 Der Nordturm als „Tafelrunde" der NS – Zeit

Die Legende der Tafelrunde ist weltbekannt. Die Legende erzählt von König Artus und seiner zwölf besten und edelsten Ritter, die in seiner Burg an einem runden Tisch saßen, damit es keine Streitigkeiten um den besten Platz gab.

Vielleicht wollte Heinrich Himmler mit der Neugestaltung des Nordturms diese alte Legende in die Gegenwart zurück holen.

In der Gruft gibt es zwölf Podeste, im Obergruppenführersaal sind zwölf Nischen mit Fenstern und zwölf Säulen, passend zu den Fenstern, ebenso hat auch die schwarze Sonne zwölf Ausläufer.

In der SS gab es ebenfalls zum Ende des Krieges zwölf verschiedene Ämter.

Dies wirft die Frage auf: Sollten die Vorsitzenden der zwölf Ämter hier in der Gruft bestattet werden und galten diese zwölf Personen als neue Ritter der Tafelrunde?

---

35 RFSS: Reichsführer – SS

Die Ritte waren (der Überlieferung nach) germanischer oder sächsischer Abstammung.[36]

Um der Sage nach Ritter der Tafelrunde zu werden, war nicht das Geburtsrecht entscheidend, sondern die Taten des einzelnen. Dieser Tatbestand galt auch für die SS unter Himmler, da auch hier Männer (Amtsvorsteher) von vermeintlich niederem Rang „Karriere" mach konnten (siehe das Beispiel Oswald Pohl).

Ein weiteres Argument für die Tafelrunde lässt sich in der Anschaffung von Wappen für die einzelnen Amtsvorsteher erkennen, denn auch Ritter besaßen ihr eigenes Wappen. Möglicherweise sollten diese über den Säulen aufgehängt werden, damit jede Säule einem anderen Obergruppenführer „gehörte".

In den zwölf Nischen im Umgang des Obergruppenführersaals hätten möglicherweise Throne oder etwas ähnliches stehen können, um sich zu beraten.

Eine weitere Möglichkeit besteht darin, dass Himmler, wie in seinem Büro in Berlin, im Obergruppenführersaal einen großen runden Tisch für zwölf Personen errichten wollte, um hier ebenfalls Treffen mit den für ihn wichtigsten Personen abhalten zu können.

Die letztendlichen Nutzungsvorstellungen Himmlers und der SS in Bezug auf die Wewelsburg (insbesondere Nordturm und Obergruppenführersaal und „Gruft") lassen sich bis Heute nicht historisch einwandfrei belegen.

Die strenge Geheimhaltung des Projektes (Besuchsverbot 1935) sowie die „Vernebelungstaktik" der Baumaßnahmen lassen jedoch die Dringlichkeit des Vorhabens erahnen. Dies wird auch durch geplante hohe Investitionsvolumen in Höhe von 250 Millionen Reichsmark belegt.[37]

---

36 Vorherrschende Bevölkerungsgruppen/Machtgruppen in England zur Zeit der Sagenbildung
   Vgl. http://kulturschnitte.de/Artus/elemente.htm – Stand 19.03.2014 – 21.23 Uhr
37 Umgerechnet circa 800 Millionen Euro nach heutiger Kaufkraft
   Vgl. http://answers.yahoo.com/question/index?qid=20090219063522AAW8qJG – Stand 26.03.2014 – 22.26 Uhr

5. Fazit

Die Facharbeit gab mir die Möglichkeit mich mit der Wewelsburg als Beispiel für die Rolle des Mittelalters in der SS – Ideologie auseinander zu setzen.

Durch den den ersten Teil der Arbeit über Heinrich Himmler, die SS und die Einbeziehung der germanischen Mythologie wurde mir klar, wie Himmler sich mit der Mythologie auseinander setzte und wir er versuchte, diese in den SS – Alltag einzubinden.

Mit dem zweiten Teil über die Wewelsburg konnte ich durch die Chronik einen guten Überblick gewinnen, wie die Wewelsburg den historischen Wandel miterlebt hat. Durch den Unterpunkt „Die Wewelsburg im Dritten Reich" wurde mir durch die Betrachtung der „Gruft" und des Obergruppenführersaals ein Einblick in die Planungen Himmlers und Bartels „gewährt". Mit der Betrachtung des gesamten Bauvorhabens wurde mir Himmlers Idee zur Errichtung des Zentrums der Welt deutlich klarer.

Mit den zwei Deutungen im dritten Teil der Arbeit gelang es mir, zwei mögliche Ansätze für die Bedeutung der Ritter und der germanischen Traditionen zu finden.

Wenn man alles in allem betrachtet, dann sind Heinrich Himmler und die SS ein ziemlich breit erforschtes Themengebiet. Auch die Einbindung der Germanen in die SS ließ sich gut bearbeiten, da hier ebenfalls viel erhalten ist.

Die Chronik der Wewelsburg ließ sich ebenfalls relativ leicht erstellen, da auch hier viel dokumentiert und erhalten ist. Die „Gruft" und der Nordturm ließen sich schon schwerer bearbeiten, da diese Räume nicht fertig gestellt worden sind und man auch so gut wie keine Aufzeichnungen hat/findet.

Über die ideologische Bedeutung der Wewelsburg für Himmler und die SS bleibt sehr vieles im mystischen und schwer belegbaren Bereich. Zumal Himmler durch ein Besuchs- und Besichtigungsverbot von 1935, die Sprengung 1945 und durch die Vernichtung von sehr vielen Aufzeichnungen versucht hat einen gewaltigen Schleier um die Wewelsburg zu legen.

Auch die ursprünglich ausgearbeitete Fragestellung stellte sich im Bearbeitungszeitraum als sehr weitgefächert heraus. Deshalb beschränken sich meine Ausführungen auch nur auf einen Teilaspekt (frühes Mittelalter), darüber hinaus wäre es interessant, weitergehende historische Zusammenhänge wie zum Beispiel Himmlers Ostbesiedlungspolitik und den Deutschen Orden mit in die Arbeit aufzunehmen, dieses würde aber zu einer deutlichen Rahmensprengung führen.

6. Anhang

Literatur- und Quellenverzeichnis

Brebeck, Wulff E. und weitere (2011): Endzeitkämpfer Ideologie und Terror der SS, Deutscher Kunstverlag GmbH Berlin und München – S. 155 (2x); S. 284

Brebeck, Wulff E. (²2009): Die Wewelsburg Geschichte und Bauwerk im Überblick, DKV – Edition, Berlin/München – S.8 (3x)

http://answers.yahoo.com/question/index?qid=20090219063522AAW8qJG

http://de.wikipedia.org/wiki/Heinrich_Himmler

http://de.wikipedia.org/wiki/Oswald_Pohl (2x)

http://de.wikipedia.org/wiki/Wewelsburg (2x)

http://kulturschnitte.de/Artus/elemente.htm

Prof. Dr. Hüser, Karl (1982), Wewelsburg 1933-1945 Kult und Terrorstätte, Verlag Bonifatius Druckerei, Paderborn S.13 (2x); S. 147; S. 184-189; S. 245; S. 273; S. 298; S. 421